Ella persistió

alrededor del mundo

13 mujeres que cambiaron la historia

«Una de nuestras metas es que la sociedad acepte que las mujeres jueguen al fútbol». «Cuanto más hacía, más había por hacer; más quería hacer». «Realmente no sé por qué me importa tanto. Solo sé que hay algo dentro de mí que me dice que hay un problema». «Cuando propuse que se hicieran cambios en las leyes, los fanáticos organizaron manifestaciones de protesta contra mí... Continuaremos la lucha para cambiar el mundo». «Estamos cansadas de que nos asignen una "esfera", y de que nos digan que lo que está fuera de esa esfera es "impropio de una mujer"... Por encima de todo debemos ser nosotras mismas». «No necesitamos magia para cambiar el mundo; llevamos todo el poder que necesitamos dentro de nosotros... «En la vida no hay nada roto... pero ahora pienso que, después de todo, la vida sigue un patrón». «Un niño, un maestro, un libro y un lápiz pueden cambiar el mundo». «Vivamos lo que vivimos, la vida es corta; no queda más que trabajar». «Veo a otras bailarinas interpretar los mismos papeles que yo, pero no trato de imitar a nadie». «Al principio los hilos parecían enredados, incluso rotos, pero no había nada que imaginarme que una cosa así pudiera suceder en Nueva Escocia o en cualquier otro lugar de Canadá». «No estudio para saber más, sino para ignorar menos».

Escrito por
Chelsea Clinton

Traducido por
Teresa Mlawer

Ilustrado por
Alexandra Boiger

PHILOMEL BOOKS

Philomel Books
an imprint of Penguin Random House LLC
375 Hudson Street
New York, NY 10014

Library of Congress Cataloging-in-Publication Data is available upon request.

Manufactured in China.
ISBN 9780525517023
10 9 8 7 6 5 4 3

Edited by Jill Santopolo.
Design by Ellice M. Lee.
Text set in ITC Kennerley.
The art was done in watercolor and ink on Fabriano paper, then edited in Photoshop.

En memoria de mi abuela Dorothy,
cuya perseverancia, curiosidad y amor
me inspiran cada día. —C.C.

A mi hija Vanessa y a los niños en todas
partes de este preciado mundo. —A.B.

A veces ser niña no es fácil en ninguna parte del mundo. Pero en ciertos lugares es todo un reto. Hay países donde es muy difícil que las niñas puedan ir a la escuela, y donde las mujeres necesitan el permiso de sus esposos para obtener un pasaporte o incluso para poder salir de sus casas. En muchas partes del mundo, es muy probable que a las niñas les digan que se callen, que se sienten o que no sueñen en grande.

No escuches esas voces. Estas trece mujeres de diferentes lugares del mundo no lo hicieron.

Ellas persistieron.

En la época en que
SOR JUANA INÉS DE LA CRUZ
crecía en México, la mayoría de las niñas no iban a la escuela. Juana Inés estudió y aprendió a leer ella sola de pequeña. En una ocasión le preguntó a su familia si podía disfrazarse de hombre para poder ir a la universidad; le dijeron que no. **Ella persistió**. Encontró tutores dispuestos a darle clases a una niña. Más adelante se hizo monja, en parte para poder continuar sus estudios y dedicarse a sus escritos. Los escritos y poemas de Sor Juana Inés son todavía elogiados hoy en día, y su libro *Respuesta a Sor Filotea de la Cruz* fue el primer documento publicado a favor del derecho a la educación de las mujeres en América.

Aunque la mamá de CAROLINE HERSCHEL consideraba que no era necesario que las niñas recibieran una educación, su papá pensaba de manera diferente y le dio clases junto con sus hermanos. Pero después de que el tifus atrofiara su crecimiento y solamente llegara a medir cuatro pies de altura, sus padres pensaron que su único futuro sería trabajar como empleada doméstica. Ella persistió, abandonó Alemania, su país natal, para vivir en Inglaterra con su hermano William, quien apoyaba sus esfuerzos por mejorar su educación, incluso en las áreas de matemáticas y de astronomía. Juntos estudiaban el cielo nocturno, pero fue ella por sí sola la primera mujer que descubrió un cometa. Hoy varios de los cometas que descubrió llevan su nombre.

«Vivamos lo que vivamos, la vida es corta; no queda más que trabajar».

Cuando KATE SHEPPARD comenzó a viajar
por todo el territorio de Nueva Zelanda para hablar a
favor del derecho al voto de las mujeres, muchos hombres
pensaban que las mujeres no tenían que «inmiscuirse en
asuntos masculinos». La primera vez que Kate trató de
que el Parlamento reconociera a las mujeres el derecho
al voto, no la escucharon, a pesar de haber presentado
peticiones firmadas por miles de mujeres. Sin embargo,
ella persistió y en 1893, Nueva Zelanda fue el
primer país en conceder el derecho al voto a las mujeres,
incluyendo a las mujeres indígenas maoríes.

«Estamos cansadas de que nos asignen una "esfera", y de que nos digan que lo que está fuera de esa esfera es "impropio de una mujer"... Por encima de todo debemos ser nosotras mismas».

MARIE CURIE sabía que siendo niña y viviendo en Polonia, tendría que abandonar su país si quería ir a la universidad. Ella persistió y se mudó a Francia para lograr su sueño de ser científica. Su trabajo en la radiactividad (la manera que ciertas materias emiten energía) la llevó a ser la primera mujer en recibir el Premio Nobel (en Física). Unos años más tarde, descubrió dos nuevos elementos, a uno de los cuales lo denominó *polonio* por su país natal. Por ese trabajo, le otorgaron un segundo Premio Nobel (en Química). Fue la primera persona en el mundo, hombre o mujer, en recibir dos Premios Nobel.

$[Xe]\,4f^{14}\,5d^{10}\,6s^2\,6p^4$

$[Rn]\,7s^2$

«En la vida no hay nada que temer, solo hay que comprender».

Cuando el auto de VIOLA DESMOND
se averió durante un viaje de negocios, decidió ir al cine
mientras esperaba a que se lo arreglaran. Pero lo que
Viola no sabía era que en el pueblo donde se encontraba,
solamente canadienses de raza blanca podían sentarse
en la planta baja del teatro. Cuando le pidieron que se
cambiara de sitio, **ella persistió** y se negó alegando
que tenía derecho a sentarse donde quisiera. Fue
arrestada y pasó la noche en la cárcel. Su decisión
de apelar los cargos contra ella dio lugar al comienzo
del movimiento de los derechos civiles en Canadá.

«No podía imaginarme que una cosa así pudiera suceder en Nueva Escocia o en cualquier otro lugar de Canadá».

Siendo una joven doctora que trabajaba en la India atendiendo a pacientes mujeres, MARY VERGHESE perdió la movilidad de sus piernas debido a un terrible accidente automovilístico. En lugar de abandonar la medicina, ella persistió y encontró la manera de seguir atendiendo a sus pacientes desde su silla de ruedas, igual que otros lo hacían de pie. Se centró en el campo de la rehabilitación y trabajó con personas que habían perdido la movilidad de las piernas o se enfrentaban a otros retos debido a accidentes o enfermedades. Mary fundó el primer centro funcional de rehabilitación en la India, el cual todavía hoy sigue funcionando.

«Al principio los hilos parecían enredados,
incluso rotos..., pero ahora pienso que,
después de todo, la vida sigue un patrón».

Una vez que AISHA RATEB se graduó de la Facultad de Derecho, tenía la esperanza de llegar a ser jueza en Egipto. Pero el primer ministro le dijo que no podía nombrar a un juez que fuera mujer porque iba en contra de las tradiciones de la sociedad. Sin embargo, **ella persistió** y realizó importantes trabajos en leyes: ayudó a redactar una nueva constitución para Egipto, estableció nuevas regulaciones para proteger a las mujeres y a las personas discapacitadas y fue la primera mujer a la que nombraron embajadora.

Más de cincuenta años después de que el cargo de jueza le fuera negado a Aisha, Egipto nombró a una mujer para el más alto tribunal del país, gracias, en parte, a ella.

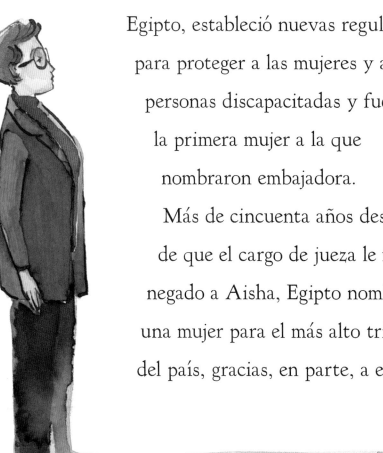

«Cuando propuse que se hicieran cambios en las leyes,
los fanáticos organizaron manifestaciones de protesta
contra mí... Continuaremos la lucha por las reformas».

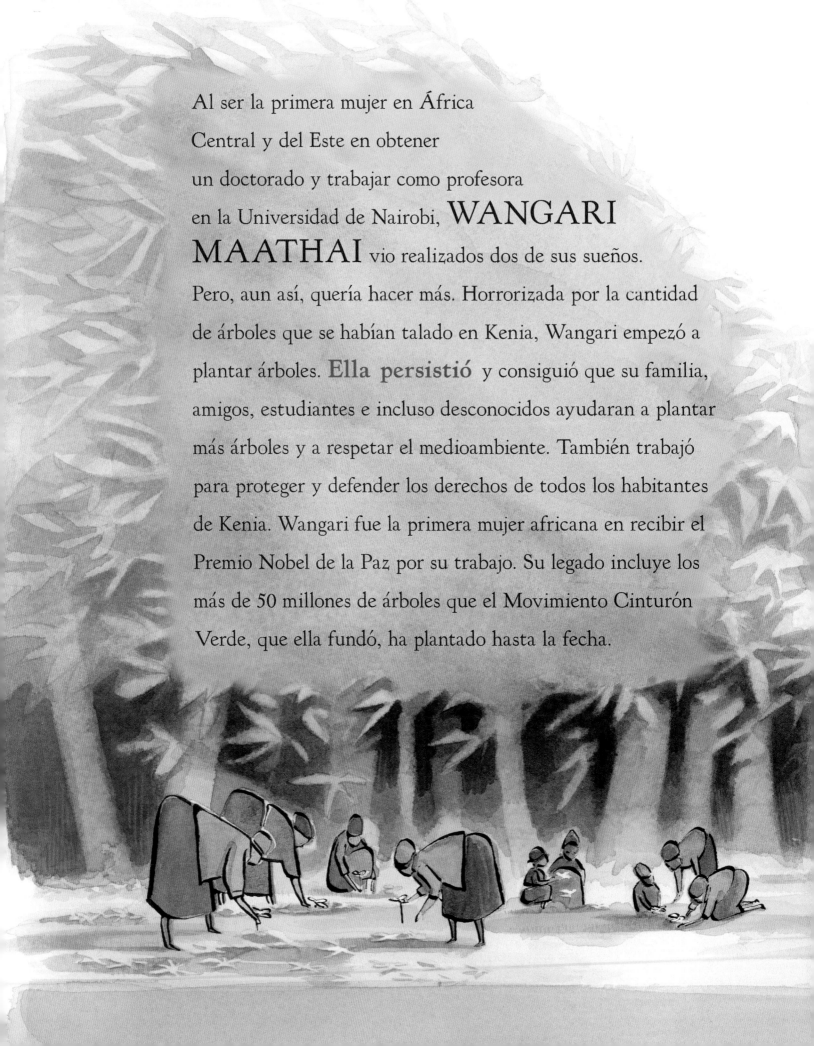

Al ser la primera mujer en África Central y del Este en obtener un doctorado y trabajar como profesora en la Universidad de Nairobi, WANGARI MAATHAI vio realizados dos de sus sueños. Pero, aun así, quería hacer más. Horrorizada por la cantidad de árboles que se habían talado en Kenia, Wangari empezó a plantar árboles. **Ella persistió** y consiguió que su familia, amigos, estudiantes e incluso desconocidos ayudaran a plantar más árboles y a respetar el medioambiente. También trabajó para proteger y defender los derechos de todos los habitantes de Kenia. Wangari fue la primera mujer africana en recibir el Premio Nobel de la Paz por su trabajo. Su legado incluye los más de 50 millones de árboles que el Movimiento Cinturón Verde, que ella fundó, ha plantado hasta la fecha.

«Realmente no sé por qué me importa tanto.
Solo sé que hay algo dentro de mí
que me dice que hay un problema,
y tengo que hacer algo por resolverlo».

ANDÉN 9¾

JOANNE ROWLING supo que quería ser escritora. Cuando terminó la universidad, dedicó años a crear el mundo de Harry Potter mientras trabajaba a jornada completa. Aunque muchos editores rechazaron su primer manuscrito, **ella persistió**. A la editorial que finalmente lo aceptó le preocupaba que los chicos no quisieran leer un libro sobre un niño mago escrito por una mujer, y le pidió a Rowling que utilizase las iniciales J.K. de su nombre y no su nombre de pila, ya que así sonaba menos femenino. Hoy en día, Harry Potter es la serie más vendida de la historia, con más de 400 millones de libros en prensa en ochenta idiomas, y su autora es reconocida como la mujer que ha dado más magia al mundo.

«No necesitamos
magia para
cambiar el mundo;
llevamos todo el
poder que necesitamos
dentro de nosotros».

Cuando Sisleide «SISSI» do Amor Lima era pequeña,
la ley en Brasil no permitía a las niñas jugar al fútbol.
Pero a Sissi le gustaba jugar aunque le ocasionara
problemas. **Ella persistió**, primero, en secreto,
transformando algunos juguetes en balones de fútbol
y practicando siempre que podía. Con el tiempo, los padres
de Sissi le compraron un balón de fútbol. Cuando tenía
catorce años, dos años después de que Brasil legalizara
el que las niñas pudieran jugar al fútbol, Sissi comenzó
a hacerlo profesionalmente, para después unirse a la
selección femenina de fútbol de Brasil. En la cumbre
de su carrera, Sissi era conocida como «la reina del fútbol
de Brasil», y hoy en día se le reconoce el haber inspirado
a toda una generación de mujeres brasileñas para no temer
entrar al terreno del juego.

«Una de nuestras
metas es que
la sociedad acepte
que las mujeres
jueguen al fútbol».

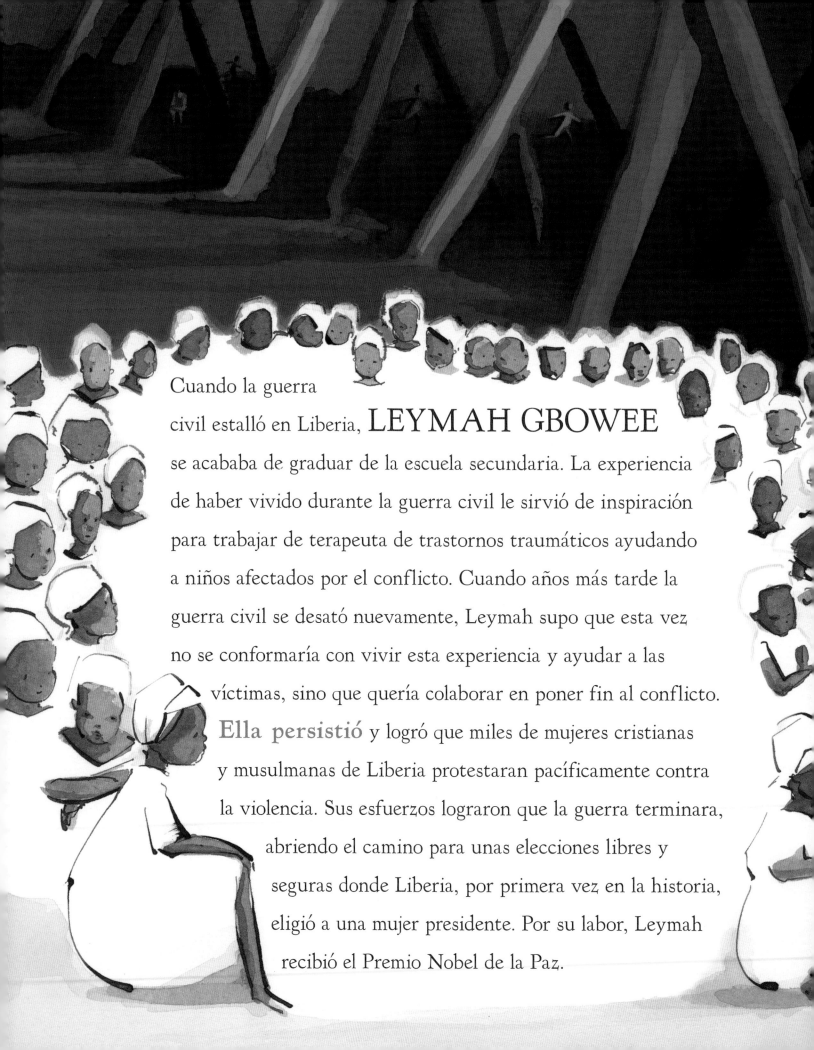

Cuando la guerra civil estalló en Liberia, LEYMAH GBOWEE se acababa de graduar de la escuela secundaria. La experiencia de haber vivido durante la guerra civil le sirvió de inspiración para trabajar de terapeuta de trastornos traumáticos ayudando a niños afectados por el conflicto. Cuando años más tarde la guerra civil se desató nuevamente, Leymah supo que esta vez no se conformaría con vivir esta experiencia y ayudar a las víctimas, sino que quería colaborar en poner fin al conflicto. Ella persistió y logró que miles de mujeres cristianas y musulmanas de Liberia protestaran pacíficamente contra la violencia. Sus esfuerzos lograron que la guerra terminara, abriendo el camino para unas elecciones libres y seguras donde Liberia, por primera vez en la historia, eligió a una mujer presidente. Por su labor, Leymah recibió el Premio Nobel de la Paz.

«Cuanto más hacía, más había por hacer, más quería hacer,
había siempre algo más que hacer».

De
niña
en China,
el padre de
YUAN YUAN
TAN no quería que su hija
fuera bailarina. **Ella persistió** y
lo convenció de que ser bailarina era su
destino. Al final, su padre dijo que decidiría
su futuro lanzando una moneda al aire. Si salía
cara, podría estudiar *ballet*. Si salía cruz, tendría
que abandonar sus aspiraciones. Yuan Yuan
ganó la apuesta, y ha llegado a ser una de
las más famosas bailarinas de China de todos
los tiempos. Ha recibido muchos premios y ha
bailado en el mundo entero, convirtiéndose en
una de las bailarinas principales más jóvenes del
Ballet de San Francisco, donde todavía actúa.

«Veo a otras bailarinas
interpretar los mismos
papeles que yo, pero no
trato de imitar a nadie».

Cuando MALALA YOUSAFZAI tenía once años, comenzó a escribir acerca de su aspiración por estudiar, a pesar de que muchas personas en Pakistán, su país natal, pensaban que las niñas no debían ir a la escuela. Malala fue amenazada muchas veces, pero ella persistió y continuó escribiendo sobre sus ideales y los de las otras niñas. Cuando Malala tenía quince años, un hombre subió al autobús escolar en el que ella viajaba con la intención de matarla por defender el derecho a la educación de las niñas. A pesar de que fue gravemente herida, Malala no abandonó su lucha. Hasta el momento, es la persona más joven que ha recibido el Premio Nobel de la Paz. Malala continúa trabajando arduamente con la esperanza de poder lograr algún día que todos los niños puedan ir a la escuela, mientras ella misma sigue con sus estudios.

«Un niño, un maestro, un libro y un
lápiz pueden cambiar el mundo».

Así que, alza tu voz, levántate, sueña en grande. Estas mujeres y muchas otras lo hicieron.

Ellas persistieron, y tú también debes hacerlo.